Détails

Nom:	
Entreprise:	
Téléphone:	
Téléphone:	
Email:	

AF354745

Détails de l'urgence:

Nom:		**Nom:**	
Entreprise:		**Entreprise:**	

Important:

| Date: | | Jour: | Lun | Mar | Mer | Jen | Ven | Sam | Dim |

Entreprise:

Téléphone:

Heures perdues pour cause de mauvais temps	Visiteurs

Conditions météorologiques	
AM	PM

Programme	Problèmes/ Retards
Date d'achèvement:	
Jours avant la date prévue:	
Jours de retard:	

Questions de sécurité	Accidents/ Incidents

Résumé des travaux effectués aujourd'hui

Signature:	Nom:

Équipement sur le chantier de construction	Unités	Travailler	
		Oui	Non

Employé/ Contractant	Commerce	Heures contractuelles	Heures supplémentaires

Matériel livré	De et taux	Matériel loué	Unités

Notes

Date:		Jour:	Lun	Mar	Mer	Jen	Ven	Sam	Dim

Entreprise:

Téléphone:

Heures perdues pour cause de mauvais temps	Visiteurs

Conditions météorologiques	
AM	PM

Programme	Problèmes/ Retards
Date d'achèvement:	
Jours avant la date prévue:	
Jours de retard:	

Questions de sécurité	Accidents/ Incidents

Résumé des travaux effectués aujourd'hui

Signature:	Nom:

Équipement sur le chantier de construction	Unités	Travailler	
		Oui	Non

Employé/ Contractant	Commerce	Heures contractuelles	Heures supplémentaires

Matériel livré	De et taux	Matériel loué	Unités

Notes

| Date: | Jour: | Lun | Mar | Mer | Jen | Ven | Sam | Dim |

Entreprise:

Téléphone:

Heures perdues pour cause de mauvais temps	Visiteurs

Conditions météorologiques

AM	PM

Programme	Problèmes/ Retards
Date d'achèvement:	
Jours avant la date prévue:	
Jours de retard:	

Questions de sécurité	Accidents/ Incidents

Résumé des travaux effectués aujourd'hui

Signature:	Nom:

Équipement sur le chantier de construction	Unités	Travailler	
		Oui	Non

Employé/ Contractant	Commerce	Heures contractuelles	Heures supplémentaires

Matériel livré	De et taux	Matériel loué	Unités

Notes

Date: Jour: Lun   Mar   Mer   Jen   Ven   Sam   Dim

Entreprise:

Téléphone:

Heures perdues pour cause de mauvais temps	Visiteurs

Conditions météorologiques

AM	PM

Programme	Problèmes/ Retards
Date d'achèvement:	
Jours avant la date prévue:	
Jours de retard:	

Questions de sécurité	Accidents/ Incidents

Résumé des travaux effectués aujourd'hui

Signature: Nom:

Équipement sur le chantier de construction	Unités	Travailler	
		Oui	Non

Employé/ Contractant	Commerce	Heures contractuelles	Heures supplémentaires

Matériel livré	De et taux	Matériel loué	Unités

Notes

Date:		Jour:	Lun Mar Mer Jen Ven Sam Dim

Entreprise:

Téléphone:

Heures perdues pour cause de mauvais temps	Visiteurs

Conditions météorologiques

AM	PM

Programme	Problèmes/ Retards
Date d'achèvement:	
Jours avant la date prévue:	
Jours de retard:	

Questions de sécurité	Accidents/ Incidents

Résumé des travaux effectués aujourd'hui

Signature:	Nom:

Équipement sur le chantier de construction	Unités	Travailler	
		Oui	Non

Employé/ Contractant	Commerce	Heures contractuelles	Heures supplémentaires

Matériel livré	De et taux	Matériel loué	Unités

Notes

Date:		Jour:	Lun Mar Mer Jen Ven Sam Dim

Entreprise:

Téléphone:

Heures perdues pour cause de mauvais temps	**Visiteurs**

Conditions météorologiques

AM	PM

Programme	**Problèmes/ Retards**
Date d'achèvement:	
Jours avant la date prévue:	
Jours de retard:	

Questions de sécurité	**Accidents/ Incidents**

Résumé des travaux effectués aujourd'hui

Signature:

Nom:

Équipement sur le chantier de construction	Unités	Travailler	
		Oui	Non

Employé/ Contractant	Commerce	Heures contractuelles	Heures supplémentaires

Matériel livré	De et taux	Matériel loué	Unités

Notes

Date: Jour: Lun   Mar   Mer   Jen   Ven   Sam   Dim

Entreprise:

Téléphone:

Heures perdues pour cause de mauvais temps	Visiteurs

Conditions météorologiques

AM	PM

Programme	Problèmes/ Retards
Date d'achèvement:	
Jours avant la date prévue:	
Jours de retard:	

Questions de sécurité	Accidents/ Incidents

Résumé des travaux effectués aujourd'hui

Signature: Nom:

Équipement sur le chantier de construction	Unités	Travailler	
		Oui	Non

Employé/ Contractant	Commerce	Heures contractuelles	Heures supplémentaires

Matériel livré	De et taux	Matériel loué	Unités

Notes

Date: Jour: Lun   Mar   Mer   Jen   Ven   Sam   Dim

Entreprise:

Téléphone:

Heures perdues pour cause de mauvais temps	**Visiteurs**

Conditions météorologiques

AM	PM

Programme	**Problèmes/ Retards**
Date d'achèvement:	
Jours avant la date prévue:	
Jours de retard:	

Questions de sécurité	**Accidents/ Incidents**

Résumé des travaux effectués aujourd'hui

Signature: Nom:

Équipement sur le chantier de construction	Unités	Travailler	
		Oui	Non

Employé/ Contractant	Commerce	Heures contractuelles	Heures supplémentaires

Matériel livré	De et taux	Matériel loué	Unités

Notes

Date:	Jour:	Lun	Mar	Mer	Jen	Ven	Sam	Dim

Entreprise:

Téléphone:

Heures perdues pour cause de mauvais temps	Visiteurs

Conditions météorologiques

AM	PM

Programme	Problèmes/ Retards
Date d'achèvement:	
Jours avant la date prévue:	
Jours de retard:	

Questions de sécurité	Accidents/ Incidents

Résumé des travaux effectués aujourd'hui

Signature:	Nom:

Équipement sur le chantier de construction	Unités	Travailler	
		Oui	Non

Employé/ Contractant	Commerce	Heures contractuelles	Heures supplémentaires

Matériel livré	De et taux	Matériel loué	Unités

Notes

Date: Jour: Lun   Mar   Mer   Jen   Ven   Sam   Dim

Entreprise:

Téléphone:

Heures perdues pour cause de mauvais temps	**Visiteurs**

Conditions météorologiques

AM	PM

Programme	**Problèmes/ Retards**
Date d'achèvement:	
Jours avant la date prévue:	
Jours de retard:	

Questions de sécurité	**Accidents/ Incidents**

Résumé des travaux effectués aujourd'hui

Signature: Nom:

Équipement sur le chantier de construction	Unités	Travailler	
		Oui	Non

Employé/ Contractant	Commerce	Heures contractuelles	Heures supplémentaires

Matériel livré	De et taux	Matériel loué	Unités

Notes

Date:		Jour:	Lun	Mar	Mer	Jen	Ven	Sam	Dim

Entreprise:

Téléphone:

Heures perdues pour cause de mauvais temps	**Visiteurs**

Conditions météorologiques

AM	PM

Programme	**Problèmes/ Retards**
Date d'achèvement:	
Jours avant la date prévue:	
Jours de retard:	

Questions de sécurité	**Accidents/ Incidents**

Résumé des travaux effectués aujourd'hui

Signature:

Nom:

Équipement sur le chantier de construction	Unités	Travailler	
		Oui	Non

Employé/Contractant	Commerce	Heures contractuelles	Heures supplémentaires

Matériel livré	De et taux	Matériel loué	Unités

Notes

| Date: | Jour: | Lun Mar Mer Jen Ven Sam Dim |

Entreprise:

Téléphone:

Heures perdues pour cause de mauvais temps

Visiteurs

Conditions météorologiques

AM	PM

Programme

Date d'achèvement:

Jours avant la date prévue:

Jours de retard:

Problèmes/ Retards

Questions de sécurité

Accidents/ Incidents

Résumé des travaux effectués aujourd'hui

Signature:

Nom:

Équipement sur le chantier de construction	Unités	Travailler	
		Oui	Non

Employé/ Contractant	Commerce	Heures contractuelles	Heures supplémentaires

Matériel livré	De et taux	Matériel loué	Unités

Notes

Date: Jour: Lun Mar Mer Jen Ven Sam Dim

Entreprise:

Téléphone:

Heures perdues pour cause de mauvais temps	Visiteurs

Conditions météorologiques

AM	PM

Programme	Problèmes/ Retards
Date d'achèvement:	
Jours avant la date prévue:	
Jours de retard:	

Questions de sécurité	Accidents/ Incidents

Résumé des travaux effectués aujourd'hui

Signature: Nom:

Équipement sur le chantier de construction	Unités	Travailler	
		Oui	Non

Employé/Contractant	Commerce	Heures contractuelles	Heures supplémentaires

Matériel livré	De et taux	Matériel loué	Unités

Notes

| Date: | | Jour: | Lun | Mar | Mer | Jen | Ven | Sam | Dim |

Entreprise:

Téléphone:

Heures perdues pour cause de mauvais temps	Visiteurs

Conditions météorologiques

AM	PM

Programme	Problèmes/ Retards
Date d'achèvement:	
Jours avant la date prévue:	
Jours de retard:	

Questions de sécurité	Accidents/ Incidents

Résumé des travaux effectués aujourd'hui

Signature:	Nom:

Équipement sur le chantier de construction	Unités	Travailler	
		Oui	Non

Employé/ Contractant	Commerce	Heures contractuelles	Heures supplémentaires

Matériel livré	De et taux	Matériel loué	Unités

Notes

Date:		Jour:	Lun	Mar	Mer	Jen	Ven	Sam	Dim

Entreprise:

Téléphone:

Heures perdues pour cause de mauvais temps	**Visiteurs**

Conditions météorologiques

AM	PM

Programme	**Problèmes/ Retards**
Date d'achèvement:	
Jours avant la date prévue:	
Jours de retard:	

Questions de sécurité	**Accidents/ Incidents**

Résumé des travaux effectués aujourd'hui

Signature:	Nom:

Équipement sur le chantier de construction	Unités	Travailler	
		Oui	Non

Employé/ Contractant	Commerce	Heures contractuelles	Heures supplémentaires

Matériel livré	De et taux	Matériel loué	Unités

Notes

Date:		Jour:	Lun Mar Mer Jen Ven Sam Dim

Entreprise:

Téléphone:

Heures perdues pour cause de mauvais temps	Visiteurs

Conditions météorologiques

AM	PM

Programme	Problèmes/ Retards
Date d'achèvement:	
Jours avant la date prévue:	
Jours de retard:	

Questions de sécurité	Accidents/ Incidents

Résumé des travaux effectués aujourd'hui

Signature:	Nom:

Équipement sur le chantier de construction	Unités	Travailler	
		Oui	Non

Employé/ Contractant	Commerce	Heures contractuelles	Heures supplémentaires

Matériel livré	De et taux	Matériel loué	Unités

Notes

| Date: | | Jour: | Lun | Mar | Mer | Jen | Ven | Sam | Dim |

Entreprise:

Téléphone:

Heures perdues pour cause de mauvais temps	Visiteurs

Conditions météorologiques

AM	PM

Programme	Problèmes/ Retards
Date d'achèvement:	
Jours avant la date prévue:	
Jours de retard:	

Questions de sécurité	Accidents/ Incidents

Résumé des travaux effectués aujourd'hui

Signature:	Nom:

Équipement sur le chantier de construction	Unités	Travailler	
		Oui	Non

Employé/ Contractant	Commerce	Heures contractuelles	Heures supplémentaires

Matériel livré	De et taux	Matériel loué	Unités

Notes

Date: | Jour: Lun Mar Mer Jen Ven Sam Dim

Entreprise:

Téléphone:

Heures perdues pour cause de mauvais temps

Visiteurs

Conditions météorologiques

AM	PM

Programme

Date d'achèvement:

Jours avant la date prévue:

Jours de retard:

Problèmes/ Retards

Questions de sécurité

Accidents/ Incidents

Résumé des travaux effectués aujourd'hui

Signature:

Nom:

Équipement sur le chantier de construction	Unités	Travailler	
		Oui	Non

Employé/ Contractant	Commerce	Heures contractuelles	Heures supplémentaires

Matériel livré	De et taux	Matériel loué	Unités

Notes

| Date: | | Jour: | Lun | Mar | Mer | Jen | Ven | Sam | Dim |

Entreprise:

Téléphone:

Heures perdues pour cause de mauvais temps	Visiteurs

Conditions météorologiques

AM	PM

Programme	Problèmes/ Retards
Date d'achèvement:	
Jours avant la date prévue:	
Jours de retard:	

Questions de sécurité	Accidents/ Incidents

Résumé des travaux effectués aujourd'hui

Signature:	Nom:

Équipement sur le chantier de construction	Unités	Travailler	
		Oui	Non

Employé/ Contractant	Commerce	Heures contractuelles	Heures supplémentaires

Matériel livré	De et taux	Matériel loué	Unités

Notes

Date:		Jour:	Lun	Mar	Mer	Jen	Ven	Sam	Dim

Entreprise:

Téléphone:

Heures perdues pour cause de mauvais temps	Visiteurs

Conditions météorologiques

AM	PM

Programme	Problèmes/ Retards
Date d'achèvement:	
Jours avant la date prévue:	
Jours de retard:	

Questions de sécurité	Accidents/ Incidents

Résumé des travaux effectués aujourd'hui

Signature:	Nom:

Équipement sur le chantier de construction	Unités	Travailler	
		Oui	Non

Employé/Contractant	Commerce	Heures contractuelles	Heures supplémentaires

Matériel livré	De et taux	Matériel loué	Unités

Notes

Date: Jour: Lun   Mar   Mer   Jen   Ven   Sam   Dim

Entreprise:

Téléphone:

Heures perdues pour cause de mauvais temps	Visiteurs

Conditions météorologiques

AM	PM

Programme	Problèmes/ Retards
Date d'achèvement:	
Jours avant la date prévue:	
Jours de retard:	

Questions de sécurité	Accidents/ Incidents

Résumé des travaux effectués aujourd'hui

Signature: Nom:

Équipement sur le chantier de construction	Unités	Travailler	
		Oui	Non

Employé/ Contractant	Commerce	Heures contractuelles	Heures supplémentaires

Matériel livré	De et taux	Matériel loué	Unités

Notes

Date: | Jour: Lun Mar Mer Jen Ven Sam Dim

Entreprise:

Téléphone:

Heures perdues pour cause de mauvais temps

Visiteurs

Conditions météorologiques

AM	PM

Programme

Date d'achèvement:

Jours avant la date prévue:

Jours de retard:

Problèmes/ Retards

Questions de sécurité

Accidents/ Incidents

Résumé des travaux effectués aujourd'hui

Signature:

Nom:

Équipement sur le chantier de construction	Unités	Travailler	
		Oui	Non

Employé/ Contractant	Commerce	Heures contractuelles	Heures supplémentaires

Matériel livré	De et taux	Matériel loué	Unités

Notes

Date:		Jour:	Lun Mar Mer Jen Ven Sam Dim

Entreprise:

Téléphone:

Heures perdues pour cause de mauvais temps	**Visiteurs**

Conditions météorologiques

AM	PM

Programme	**Problèmes/ Retards**
Date d'achèvement:	
Jours avant la date prévue:	
Jours de retard:	

Questions de sécurité	**Accidents/ Incidents**

Résumé des travaux effectués aujourd'hui

Signature:	Nom:

Équipement sur le chantier de construction	Unités	Travailler	
		Oui	Non

Employé/ Contractant	Commerce	Heures contractuelles	Heures supplémentaires

Matériel livré	De et taux	Matériel loué	Unités

Notes

| Date: | | Jour: | Lun | Mar | Mer | Jen | Ven | Sam | Dim |

Entreprise:

Téléphone:

Heures perdues pour cause de mauvais temps	Visiteurs

Conditions météorologiques

AM	PM

Programme	Problèmes/ Retards
Date d'achèvement:	
Jours avant la date prévue:	
Jours de retard:	

Questions de sécurité	Accidents/ Incidents

Résumé des travaux effectués aujourd'hui

Signature:	Nom:

Équipement sur le chantier de construction	Unités	Travailler	
		Oui	Non

Employé/ Contractant	Commerce	Heures contractuelles	Heures supplémentaires

Matériel livré	De et taux	Matériel loué	Unités

Notes

Date: Jour: Lun   Mar   Mer   Jen   Ven   Sam   Dim

Entreprise:

Téléphone:

Heures perdues pour cause de mauvais temps	Visiteurs

Conditions météorologiques

AM	PM

Programme	Problèmes/ Retards
Date d'achèvement:	
Jours avant la date prévue:	
Jours de retard:	

Questions de sécurité	Accidents/ Incidents

Résumé des travaux effectués aujourd'hui

Signature: Nom:

Équipement sur le chantier de construction	Unités	Travailler	
		Oui	Non

Employé/ Contractant	Commerce	Heures contractuelles	Heures supplémentaires

Matériel livré	De et taux	Matériel loué	Unités

Notes

Date:　　　　　　　　　　　Jour:　　Lun　Mar　Mer　Jen　Ven　Sam　Dim

Entreprise:

Téléphone:

Heures perdues pour cause de mauvais temps	**Visiteurs**

Conditions météorologiques

AM	PM

Programme	**Problèmes/ Retards**
Date d'achèvement:	
Jours avant la date prévue:	
Jours de retard:	

Questions de sécurité	**Accidents/ Incidents**

Résumé des travaux effectués aujourd'hui

Signature:　　　　　　　　　　　　　　Nom:

Équipement sur le chantier de construction	Unités	Travailler	
		Oui	Non

Employé/ Contractant	Commerce	Heures contractuelles	Heures supplémentaires

Matériel livré	De et taux	Matériel loué	Unités

Notes

Date:		Jour:	Lun	Mar	Mer	Jen	Ven	Sam	Dim
Entreprise:									
Téléphone:									

Heures perdues pour cause de mauvais temps

Visiteurs

Conditions météorologiques

AM	PM

Programme

Date d'achèvement:	
Jours avant la date prévue:	
Jours de retard:	

Problèmes/ Retards

Questions de sécurité

Accidents/ Incidents

Résumé des travaux effectués aujourd'hui

Signature:	Nom:

Équipement sur le chantier de construction	Unités	Travailler	
		Oui	Non

Employé/ Contractant	Commerce	Heures contractuelles	Heures supplémentaires

Matériel livré	De et taux	Matériel loué	Unités

Notes

Date: Jour: Lun   Mar   Mer   Jen   Ven   Sam   Dim

Entreprise:

Téléphone:

Heures perdues pour cause de mauvais temps	**Visiteurs**

Conditions météorologiques

AM	PM

Programme	**Problèmes/ Retards**
Date d'achèvement:	
Jours avant la date prévue:	
Jours de retard:	

Questions de sécurité	**Accidents/ Incidents**

Résumé des travaux effectués aujourd'hui

Signature: Nom:

Équipement sur le chantier de construction	Unités	Travailler	
		Oui	Non

Employé/ Contractant	Commerce	Heures contractuelles	Heures supplémentaires

Matériel livré	De et taux	Matériel loué	Unités

Notes

Date: Jour: Lun   Mar   Mer   Jen   Ven   Sam   Dim

Entreprise:

Téléphone:

Heures perdues pour cause de mauvais temps	Visiteurs

Conditions météorologiques

AM	PM

Programme	Problèmes/ Retards
Date d'achèvement:	
Jours avant la date prévue:	
Jours de retard:	

Questions de sécurité	Accidents/ Incidents

Résumé des travaux effectués aujourd'hui

Signature: Nom:

Équipement sur le chantier de construction	Unités	Travailler	
		Oui	Non

Employé/ Contractant	Commerce	Heures contractuelles	Heures supplémentaires

Matériel livré	De et taux	Matériel loué	Unités

Notes

Date:		Jour:	Lun	Mar	Mer	Jen	Ven	Sam	Dim

Entreprise:

Téléphone:

Heures perdues pour cause de mauvais temps	**Visiteurs**

Conditions météorologiques

AM	PM

Programme	**Problèmes/ Retards**
Date d'achèvement:	
Jours avant la date prévue:	
Jours de retard:	

Questions de sécurité	**Accidents/ Incidents**

Résumé des travaux effectués aujourd'hui

Signature:	Nom:

Équipement sur le chantier de construction	Unités	Travailler	
		Oui	Non

Employé/ Contractant	Commerce	Heures contractuelles	Heures supplémentaires

Matériel livré	De et taux	Matériel loué	Unités

Notes

Date: Jour: Lun Mar Mer Jen Ven Sam Dim

Entreprise:

Téléphone:

Heures perdues pour cause de mauvais temps	Visiteurs

Conditions météorologiques

AM	PM

Programme	Problèmes/ Retards
Date d'achèvement:	
Jours avant la date prévue:	
Jours de retard:	

Questions de sécurité	Accidents/ Incidents

Résumé des travaux effectués aujourd'hui

Signature: Nom:

Équipement sur le chantier de construction	Unités	Travailler	
		Oui	Non

Employé/ Contractant	Commerce	Heures contractuelles	Heures supplémentaires

Matériel livré	De et taux	Matériel loué	Unités

Notes

Date: Jour: Lun Mar Mer Jen Ven Sam Dim

Entreprise:

Téléphone:

Heures perdues pour cause de mauvais temps	Visiteurs

Conditions météorologiques

AM	PM

Programme	Problèmes/ Retards
Date d'achèvement:	
Jours avant la date prévue:	
Jours de retard:	

Questions de sécurité	Accidents/ Incidents

Résumé des travaux effectués aujourd'hui

Signature: Nom:

Équipement sur le chantier de construction	Unités	Travailler	
		Oui	Non

Employé/ Contractant	Commerce	Heures contractuelles	Heures supplémentaires

Matériel livré	De et taux	Matériel loué	Unités

Notes

Date: | Jour: Lun Mar Mer Jen Ven Sam Dim

Entreprise:

Téléphone:

Heures perdues pour cause de mauvais temps

Visiteurs

Conditions météorologiques

AM	PM

Programme

Date d'achèvement:

Jours avant la date prévue:

Jours de retard:

Problèmes/ Retards

Questions de sécurité

Accidents/ Incidents

Résumé des travaux effectués aujourd'hui

Signature: | Nom:

Équipement sur le chantier de construction	Unités	Travailler	
		Oui	Non

Employé/ Contractant	Commerce	Heures contractuelles	Heures supplémentaires

Matériel livré	De et taux	Matériel loué	Unités

Notes

Date:		Jour:	Lun	Mar	Mer	Jen	Ven	Sam	Dim

Entreprise:

Téléphone:

Heures perdues pour cause de mauvais temps	Visiteurs

Conditions météorologiques	
AM	PM

Programme	Problèmes/ Retards
Date d'achèvement:	
Jours avant la date prévue:	
Jours de retard:	

Questions de sécurité	Accidents/ Incidents

Résumé des travaux effectués aujourd'hui

Signature:	Nom:

Équipement sur le chantier de construction	Unités	Travailler	
		Oui	Non

Employé/ Contractant	Commerce	Heures contractuelles	Heures supplémentaires

Matériel livré	De et taux	Matériel loué	Unités

Notes

Date: Jour: Lun Mar Mer Jen Ven Sam Dim

Entreprise:

Téléphone:

Heures perdues pour cause de mauvais temps	Visiteurs

Conditions météorologiques

AM	PM

Programme	Problèmes/ Retards
Date d'achèvement:	
Jours avant la date prévue:	
Jours de retard:	

Questions de sécurité	Accidents/ Incidents

Résumé des travaux effectués aujourd'hui

Signature: Nom:

Équipement sur le chantier de construction	Unités	Travailler	
		Oui	Non

Employé/ Contractant	Commerce	Heures contractuelles	Heures supplémentaires

Matériel livré	De et taux	Matériel loué	Unités

Notes

Date:		Jour:	Lun	Mar	Mer	Jen	Ven	Sam	Dim

Entreprise:

Téléphone:

Heures perdues pour cause de mauvais temps	Visiteurs

Conditions météorologiques

AM	PM

Programme	Problèmes/ Retards
Date d'achèvement:	
Jours avant la date prévue:	
Jours de retard:	

Questions de sécurité	Accidents/ Incidents

Résumé des travaux effectués aujourd'hui

Signature:	Nom:

Équipement sur le chantier de construction	Unités	Travailler	
		Oui	Non

Employé/ Contractant	Commerce	Heures contractuelles	Heures supplémentaires

Matériel livré	De et taux	Matériel loué	Unités

Notes

Date:		Jour:	Lun	Mar	Mer	Jen	Ven	Sam	Dim

Entreprise:

Téléphone:

Heures perdues pour cause de mauvais temps	Visiteurs

Conditions météorologiques

AM	PM

Programme	Problèmes/ Retards
Date d'achèvement:	
Jours avant la date prévue:	
Jours de retard:	

Questions de sécurité	Accidents/ Incidents

Résumé des travaux effectués aujourd'hui

Signature:	Nom:

Équipement sur le chantier de construction	Unités	Travailler	
		Oui	Non

Employé/Contractant	Commerce	Heures contractuelles	Heures supplémentaires

Matériel livré	De et taux	Matériel loué	Unités

Notes

| Date: | | Jour: | Lun Mar Mer Jen Ven Sam Dim |

Entreprise:

Téléphone:

Heures perdues pour cause de mauvais temps	**Visiteurs**

Conditions météorologiques

AM	PM

Programme	**Problèmes/ Retards**
Date d'achèvement:	
Jours avant la date prévue:	
Jours de retard:	

Questions de sécurité	**Accidents/ Incidents**

Résumé des travaux effectués aujourd'hui

Signature:	Nom:

Équipement sur le chantier de construction	Unités	Travailler	
		Oui	Non

Employé/ Contractant	Commerce	Heures contractuelles	Heures supplémentaires

Matériel livré	De et taux	Matériel loué	Unités

Notes

Date:		Jour:	Lun	Mar	Mer	Jen	Ven	Sam	Dim

Entreprise:

Téléphone:

Heures perdues pour cause de mauvais temps	**Visiteurs**

Conditions météorologiques

AM	PM

Programme	**Problèmes/ Retards**
Date d'achèvement:	
Jours avant la date prévue:	
Jours de retard:	

Questions de sécurité	**Accidents/ Incidents**

Résumé des travaux effectués aujourd'hui

Signature:	Nom:

Équipement sur le chantier de construction	Unités	Travailler	
		Oui	Non

Employé/ Contractant	Commerce	Heures contractuelles	Heures supplémentaires

Matériel livré	De et taux	Matériel loué	Unités

Notes

Date: Jour: Lun   Mar   Mer   Jeu   Ven   Sam   Dim

Entreprise:

Téléphone:

Heures perdues pour cause de mauvais temps	**Visiteurs**

Conditions météorologiques

AM	PM

Programme	**Problèmes/ Retards**
Date d'achèvement:	
Jours avant la date prévue:	
Jours de retard:	

Questions de sécurité	**Accidents/ Incidents**

Résumé des travaux effectués aujourd'hui

Signature: Nom:

Équipement sur le chantier de construction	Unités	Travailler	
		Oui	Non

Employé/ Contractant	Commerce	Heures contractuelles	Heures supplémentaires

Matériel livré	De et taux	Matériel loué	Unités

Notes

Date: | Jour: Lun Mar Mer Jen Ven Sam Dim

Entreprise:

Téléphone:

Heures perdues pour cause de mauvais temps

Visiteurs

Conditions météorologiques

AM	PM

Programme

Date d'achèvement:

Jours avant la date prévue:

Jours de retard:

Problèmes/ Retards

Questions de sécurité

Accidents/ Incidents

Résumé des travaux effectués aujourd'hui

Signature: | Nom:

Équipement sur le chantier de construction	Unités	Travailler	
		Oui	Non

Employé/ Contractant	Commerce	Heures contractuelles	Heures supplémentaires

Matériel livré	De et taux	Matériel loué	Unités

Notes

| Date: | | Jour: | Lun | Mar | Mer | Jen | Ven | Sam | Dim |

Entreprise:

Téléphone:

Heures perdues pour cause de mauvais temps

Visiteurs

Conditions météorologiques

AM	PM

Programme

Date d'achèvement:

Jours avant la date prévue:

Jours de retard:

Problèmes/ Retards

Questions de sécurité

Accidents/ Incidents

Résumé des travaux effectués aujourd'hui

Signature:

Nom:

Équipement sur le chantier de construction	Unités	Travailler	
		Oui	Non

Employé/ Contractant	Commerce	Heures contractuelles	Heures supplémentaires

Matériel livré	De et taux	Matériel loué	Unités

Notes

| Date: | | Jour: | Lun | Mar | Mer | Jen | Ven | Sam | Dim |

Entreprise:

Téléphone:

Heures perdues pour cause de mauvais temps	Visiteurs

Conditions météorologiques

AM	PM

Programme	Problèmes/ Retards
Date d'achèvement:	
Jours avant la date prévue:	
Jours de retard:	

Questions de sécurité	Accidents/ Incidents

Résumé des travaux effectués aujourd'hui

Signature:	Nom:

Équipement sur le chantier de construction	Unités	Travailler	
		Oui	Non

Employé/ Contractant	Commerce	Heures contractuelles	Heures supplémentaires

Matériel livré	De et taux	Matériel loué	Unités

Notes

Date: Jour: Lun   Mar   Mer   Jen   Ven   Sam   Dim

Entreprise:

Téléphone:

Heures perdues pour cause de mauvais temps	**Visiteurs**

Conditions météorologiques

AM	PM

Programme	**Problèmes/ Retards**
Date d'achèvement:	
Jours avant la date prévue:	
Jours de retard:	

Questions de sécurité	**Accidents/ Incidents**

Résumé des travaux effectués aujourd'hui

Signature: Nom:

Équipement sur le chantier de construction	Unités	Travailler	
		Oui	Non

Employé/ Contractant	Commerce	Heures contractuelles	Heures supplémentaires

Matériel livré	De et taux	Matériel loué	Unités

Date: Jour: Lun   Mar   Mer   Jen   Ven   Sam   Dim

Entreprise:

Téléphone:

Heures perdues pour cause de mauvais temps	**Visiteurs**

Conditions météorologiques

AM	PM

Programme	**Problèmes/ Retards**
Date d'achèvement:	
Jours avant la date prévue:	
Jours de retard:	

Questions de sécurité	**Accidents/ Incidents**

Résumé des travaux effectués aujourd'hui

Signature: Nom:

Équipement sur le chantier de construction	Unités	Travailler	
		Oui	Non

Employé/ Contractant	Commerce	Heures contractuelles	Heures supplémentaires

Matériel livré	De et taux	Matériel loué	Unités

Notes

Date: Jour: Lun Mar Mer Jen Ven Sam Dim

Entreprise:

Téléphone:

Heures perdues pour cause de mauvais temps	Visiteurs

Conditions météorologiques

AM	PM

Programme	Problèmes/ Retards
Date d'achèvement:	
Jours avant la date prévue:	
Jours de retard:	

Questions de sécurité	Accidents/ Incidents

Résumé des travaux effectués aujourd'hui

Signature: Nom:

Équipement sur le chantier de construction	Unités	Travailler	
		Oui	Non

Employé/ Contractant	Commerce	Heures contractuelles	Heures supplémentaires

Matériel livré	De et taux	Matériel loué	Unités

Notes

| Date: | | Jour: | Lun | Mar | Mer | Jen | Ven | Sam | Dim |

Entreprise:

Téléphone:

Heures perdues pour cause de mauvais temps	**Visiteurs**

Conditions météorologiques

AM	PM

Programme	**Problèmes/ Retards**
Date d'achèvement:	
Jours avant la date prévue:	
Jours de retard:	

Questions de sécurité	**Accidents/ Incidents**

Résumé des travaux effectués aujourd'hui

Signature:	Nom:

Équipement sur le chantier de construction	Unités	Travailler	
		Oui	Non

Employé/Contractant	Commerce	Heures contractuelles	Heures supplémentaires

Matériel livré	De et taux	Matériel loué	Unités

Notes

Date:		Jour:	Lun	Mar	Mer	Jen	Ven	Sam	Dim

Entreprise:

Téléphone:

Heures perdues pour cause de mauvais temps	**Visiteurs**

Conditions météorologiques

AM	PM

Programme	**Problèmes/ Retards**
Date d'achèvement:	
Jours avant la date prévue:	
Jours de retard:	

Questions de sécurité	**Accidents/ Incidents**

Résumé des travaux effectués aujourd'hui

Signature:	Nom:

Équipement sur le chantier de construction	Unités	Travailler	
		Oui	Non

Employé/ Contractant	Commerce	Heures contractuelles	Heures supplémentaires

Matériel livré	De et taux	Matériel loué	Unités

Notes

Date: Jour: Lun Mar Mer Jen Ven Sam Dim

Entreprise:

Téléphone:

Heures perdues pour cause de mauvais temps	**Visiteurs**

Conditions météorologiques

AM	PM

Programme	**Problèmes/ Retards**
Date d'achèvement:	
Jours avant la date prévue:	
Jours de retard:	

Questions de sécurité	**Accidents/ Incidents**

Résumé des travaux effectués aujourd'hui

Signature: Nom:

Équipement sur le chantier de construction	Unités	Travailler	
		Oui	Non

Employé/ Contractant	Commerce	Heures contractuelles	Heures supplémentaires

Matériel livré	De et taux	Matériel loué	Unités

Notes

| Date: | | Jour: | Lun | Mar | Mer | Jen | Ven | Sam | Dim |

Entreprise:

Téléphone:

Heures perdues pour cause de mauvais temps	**Visiteurs**

Conditions météorologiques

AM	PM

Programme	**Problèmes/ Retards**
Date d'achèvement:	
Jours avant la date prévue:	
Jours de retard:	

Questions de sécurité	**Accidents/ Incidents**

Résumé des travaux effectués aujourd'hui

Signature:

Nom:

Équipement sur le chantier de construction	Unités	Travailler	
		Oui	Non

Employé/ Contractant	Commerce	Heures contractuelles	Heures supplémentaires

Matériel livré	De et taux	Matériel loué	Unités

Notes

Date: Jour: Lun   Mar   Mer   Jen   Ven   Sam   Dim

Entreprise:

Téléphone:

Heures perdues pour cause de mauvais temps	**Visiteurs**

Conditions météorologiques

AM	PM

Programme	**Problèmes/ Retards**
Date d'achèvement:	
Jours avant la date prévue:	
Jours de retard:	

Questions de sécurité	**Accidents/ Incidents**

Résumé des travaux effectués aujourd'hui

Signature: Nom:

Équipement sur le chantier de construction	Unités	Travailler	
		Oui	Non

Employé/ Contractant	Commerce	Heures contractuelles	Heures supplémentaires

Matériel livré	De et taux	Matériel loué	Unités

Notes

| Date: | | Jour: | Lun | Mar | Mer | Jen | Ven | Sam | Dim |

Entreprise:

Téléphone:

Heures perdues pour cause de mauvais temps

Visiteurs

Conditions météorologiques

AM	PM

Programme

Date d'achèvement:	
Jours avant la date prévue:	
Jours de retard:	

Problèmes/ Retards

Questions de sécurité

Accidents/ Incidents

Résumé des travaux effectués aujourd'hui

Signature:

Nom:

Équipement sur le chantier de construction	Unités	Travailler	
		Oui	Non

Employé/ Contractant	Commerce	Heures contractuelles	Heures supplémentaires

Matériel livré	De et taux	Matériel loué	Unités

Notes

Date: Jour: Lun   Mar   Mer   Jen   Ven   Sam   Dim

Entreprise:

Téléphone:

Heures perdues pour cause de mauvais temps	**Visiteurs**

Conditions météorologiques

AM	PM

Programme	**Problèmes/ Retards**
Date d'achèvement:	
Jours avant la date prévue:	
Jours de retard:	

Questions de sécurité	**Accidents/ Incidents**

Résumé des travaux effectués aujourd'hui

Signature: Nom:

Équipement sur le chantier de construction	Unités	Travailler	
		Oui	Non

Employé/ Contractant	Commerce	Heures contractuelles	Heures supplémentaires

Matériel livré	De et taux	Matériel loué	Unités

Notes

Date:		Jour:	Lun	Mar	Mer	Jen	Ven	Sam	Dim

Entreprise:

Téléphone:

Heures perdues pour cause de mauvais temps	Visiteurs

Conditions météorologiques

AM	PM

Programme	Problèmes/ Retards
Date d'achèvement:	
Jours avant la date prévue:	
Jours de retard:	

Questions de sécurité	Accidents/ Incidents

Résumé des travaux effectués aujourd'hui

Signature:	Nom:

Équipement sur le chantier de construction	Unités	Travailler	
		Oui	Non

Employé/Contractant	Commerce	Heures contractuelles	Heures supplémentaires

Matériel livré	De et taux	Matériel loué	Unités

Notes

| Date: | | Jour: | Lun | Mar | Mer | Jen | Ven | Sam | Dim |

Entreprise:

Téléphone:

Heures perdues pour cause de mauvais temps	**Visiteurs**

Conditions météorologiques

AM	PM

Programme	**Problèmes/ Retards**
Date d'achèvement:	
Jours avant la date prévue:	
Jours de retard:	

Questions de sécurité	**Accidents/ Incidents**

Résumé des travaux effectués aujourd'hui

Signature:	Nom:

Équipement sur le chantier de construction	Unités	Travailler	
		Oui	Non

Employé/ Contractant	Commerce	Heures contractuelles	Heures supplémentaires

Matériel livré	De et taux	Matériel loué	Unités

Notes

Date:		Jour:	Lun	Mar	Mer	Jen	Ven	Sam	Dim

Entreprise:

Téléphone:

Heures perdues pour cause de mauvais temps	Visiteurs

Conditions météorologiques

AM	PM

Programme	Problèmes/ Retards
Date d'achèvement:	
Jours avant la date prévue:	
Jours de retard:	

Questions de sécurité	Accidents/ Incidents

Résumé des travaux effectués aujourd'hui

Signature:	Nom:

Équipement sur le chantier de construction	Unités	Travailler	
		Oui	Non

Employé/ Contractant	Commerce	Heures contractuelles	Heures supplémentaires

Matériel livré	De et taux	Matériel loué	Unités

Notes

| Date: | | Jour: | Lun | Mar | Mer | Jeu | Ven | Sam | Dim |

Entreprise:

Téléphone:

Heures perdues pour cause de mauvais temps

Visiteurs

Conditions météorologiques

AM	PM

Programme

Date d'achèvement:

Jours avant la date prévue:

Jours de retard:

Problèmes/ Retards

Questions de sécurité

Accidents/ Incidents

Résumé des travaux effectués aujourd'hui

Signature:

Nom:

Équipement sur le chantier de construction	Unités	Travailler	
		Oui	Non

Employé/ Contractant	Commerce	Heures contractuelles	Heures supplémentaires

Matériel livré	De et taux	Matériel loué	Unités

Notes

<table>
<tr><td>Date:</td><td colspan="2">Jour: Lun Mar Mer Jen Ven Sam Dim</td></tr>
<tr><td colspan="3">Entreprise:</td></tr>
<tr><td colspan="3">Téléphone:</td></tr>
</table>

Heures perdues pour cause de mauvais temps	Visiteurs

Conditions météorologiques

AM	PM

Programme	Problèmes/ Retards
Date d'achèvement:	
Jours avant la date prévue:	
Jours de retard:	

Questions de sécurité	Accidents/ Incidents

Résumé des travaux effectués aujourd'hui

Signature:	Nom:

Équipement sur le chantier de construction	Unités	Travailler	
		Oui	Non

Employé/ Contractant	Commerce	Heures contractuelles	Heures supplémentaires

Matériel livré	De et taux	Matériel loué	Unités

Notes

Date: Jour: Lun   Mar   Mer   Jen   Ven   Sam   Dim

Entreprise:

Téléphone:

Heures perdues pour cause de mauvais temps	Visiteurs

Conditions météorologiques

AM	PM

Programme	Problèmes/ Retards
Date d'achèvement:	
Jours avant la date prévue:	
Jours de retard:	

Questions de sécurité	Accidents/ Incidents

Résumé des travaux effectués aujourd'hui

Signature: Nom:

Équipement sur le chantier de construction	Unités	Travailler	
		Oui	Non

Employé/ Contractant	Commerce	Heures contractuelles	Heures supplémentaires

Matériel livré	De et taux	Matériel loué	Unités

Notes

www.ingramcontent.com/pod-product-compliance
Lightning Source LLC
LaVergne TN
LVHW041331200726
843509LV00009B/672